L5 41/217

AU PEUPLE,

SUR LE PROCÈS DE LOUIS XVI.

PAR M. LE GRAND.

Louis XVI, l'un des plus vertueux Princes qui régnèrent sur la France, renversé de son trône et traité comme le plus vil criminel; la destruction du plus florissant empire de l'Europe, tel est le spectacle que l'aveugle fortune, conduite par l'ambition de quelques individus, offre oujourd'hui à l'univers.

Vous qui, depuis cette imposante et funeste catastrophe, tenez en vos mains les rênes de l'empire français, convenez au moins que Louis XVI, enfermé dans une tour, privé de toute communication, soustrait aux regards des Français, et jouissant à peine de la consolation de son auguste famille, prisonnière comme lui, est encore pour vous un sujet d'inquiétude ; ses vertus vous reprochent vos attentats, vos crimes; et vous voulez le sacrifier à votre usurpation, à votre sûreté, à vos remords.

Ce n'étoit pas assez pour vous d'avoir travaillé long-tems par des calomnies autant criminelles qu'absurdes, mais adroitement répandues, à arracher Louis XVI du cœur d'un peuple qu'il aimoit ; vous lui cherchez encore des crimes jusques dans les replis les plus secrets de son ame; et la vertu que vous y trouvez, augmente et irrite votre acharnement contre lui.

C'est ainsi que ce malheureux peuple, dont vous n'invoquez la puissance que pour des forfaits, autrefois si distingué par sa fidélité pour ses Princes, aujourd'hui entraîné par le prestige de vos séductions, égaré par le fanatisme d'une égalité imaginaire et d'une liberté sans bornes comme sans principes, croit ne devoir plus considérer dans le plus vertueux Monarque qu'il chérissoit et dont il étoit tendrement aimé, qu'un criminel que le glaive de la justice doit frapper, et ne voit dans les vertus qu'il a reçues du ciel pour le bonheur de la France, que des crimes.

Quel mortel cependant fut jamais plus digne de règner ! Doux, humain, affable, avare du bien et du sang du peuple, nulle privation personnelle, nul sacrifice de sa puissance n'a coûté à son amour pour la prospérité de la France et le soulagement de son peuple. Il a dans tous tems recherché et accueilli tous les moyens destructeurs des abus qui, nés avant lui, devoient trouver leur terme sous son règne; et s'il a pu quelquefois se tromper ou être trompé, n'en attribuez la faute qu'à la nature humaine, qui ne comporte pas cette perfection que l'Etre suprême n'accorde à aucun mortel; mais la vertu seule, qui ornoit la couronne de Louis XVI, suffisoit, et suffiroit encore au bonheur de la France.

Français ! n'ouvrirez-vous donc pas les yeux ? ne réfléchirez-vous pas sur l'excès de pouvoir que se sont arrogés ceux que vous aviez commis pour travailler seulement à la confection de vos loix ? n'arrêterez-vous pas ce torrent qui renverse et entraîne en un instant l'ouvrage sublime de tant de siècles, et qui finiroit par vous engloutir dans l'abime de l'anarchie dont les tristes effets se font déjà sentir.

Si ceux qui parmi eux se regardent déjà comme les maîtres de l'empire, ont pu en un instant, et sans recourir même à leur hypocrite déférence à votre volonté, renverser le gouvernement monarchique épuré et consolidé par les bases de la nouvelle constitution, et vous soumettre à un autre gouvernement sans bases et sans principes : s'ils ont osé arracher à Louis XVI la couronne que vous aviez affermie sur sa tête, comme votre représentant héréditaire et le chef suprême du pouvoir exécutif, quelles seront les bornes de leur usurpation, et que ne devez-vous pas attendre et craindre d'un pouvoir monstrueux, où votre volonté est un jeu et votre puissance illusoire, excepté pour des forfaits !

O mes concitoyens ! jusqu'à quand serez-vous trompés sur vos véritables intérêts ? jusqu'à quand le vice adroit et séducteur aura-t-il votre aveugle confiance ? quand finiront enfin les maux de notre chère patrie ? Mais comment se peut-il qu'en si peu de tems les méchans soient parvenus à dénaturer le meilleur des peuples ? coment se peut-il que parmi les Français ils ayent pu rassembler autant d'exécuteurs barbares d'ordres sanguinaires, qui, en imprimant la terreur dans toutes les ames, ont rendu la nation, épouvantée et frémissante d'horreur, muette sur des forfaits que la justice divine prendroit sans doute soin de punir si elle-même n'étoit offensée par des entreprises criminelles contre son culte, et par la tiède indifférence avec laquelle elles sont reçues et souffertes.

Voyez dans quel triste état est aujourd'hui cet empire, autrefois si florissant et si jalousé par les autres. Son commerce est abattu : toutes ses ressources sont épuisées ; ses campagnes sont désertes et manquent de bras pour la subsistance commune : ses villes sont abandonnées par une émigration forcée, et les portes de la patrie sont fermées à ceux que l'erreur ou le danger en ont fait sortir. Que deviennent ces prodigieuses levées de troupes et de citoyens armés, qu'une guerre injuste a appellés, moins à la défense de la patrie, qu'aucune puissance ne seroit venu troubler, qu'à l'attaque de celles chez lesquelles on veut répandre le poison des opinions nouvelles, et porter avec elles les maux qui affligent la France. Est-ce ainsi que la France renonce pour toujours à toute espèce de conquête ; celle qu'elle prétend faire par des opinions dont elle éprouve les tristes et sanglans effets, ne sont-elles pas plus coupables, et n'est-il pas naturel et juste que les peuples étrangers se réunissent pour repousser des monstres qui, le fer et le feu à la main, viennent prêcher une morale, propre à détruire les empires, ainsi que la majeure partie de l'espèce humaine, et replonger le reste dans la barbarie, dont il a fallu tant de siècles pour triompher.

O, malheureux Français! voilà le fruit de l'erreur, et des séductions de tout genre employés pour vous tromper et vous égarer. Vous avez abandonné un bon prince, pour vous soumettre, sans réserve, à ceux qui abusent le plus de votre confiance. Voyez-les divisés entr'eux sur l'objet de leur ambition et le partage du pouvoir. Voyez la majeure partie de vos représentans, asservis par la crainte, et trahissant, malgré eux, vos intérêts et leur conscience. Comparez votre position présente à celle que vous avez perdue, et jugez enfin ceux qui, peu contens de sortir des bornes du devoir que vous leur aviez imposé pour le bonheur de tous, s'érigent en maîtres de l'Empire, et en Juges de l'univers entier. Voyez encore ces proscriptions, suivies d'exécutions sanglantes et arbitraires, où la voix plaintive des citoyens qu'on égorge, innocens ou non jugés, est étouffée par ces cris de *vive la nation*, qui, au lieu d'animer, comme ci-devant les citoyens, d'un zèle généreux, ne sont plus pour eux qu'un son lugubre, qui annoncent des forfaits dont la nature frémit. Voyez cet attentat manifeste contre l'autorité légitime que vous aviez vous-mêmes établie, et pensez que si le meilleur des princes, l'homme le plus vertueux est malheureusement victime des complots ambitieux, qui triomphent aujourd'hui, il n'est aucun citoyen qui puisse se flatter d'échapper à la persécution et aux maux de tout genre que produit la dissolution d'un empire.

Quels sont donc, après tout, les crimes de Louis XVI ? Vous avez lu les chefs d'accusation sur lesquels porte le premier interrogatoire. Y trouverez-vous des crimes, lorsque ses juges, ses ennemis et accusateurs à la fois, sont réduits à lui en faire de l'usage légitime et modéré du pouvoir limité que la nouvelle constitution elle-même lui avoit donné pour suspendre l'exécution des loix, dont l'objet, par son importance, exigeoit de mûres et sages réflexions.

La justice ne rejette-t-elle pas, et admettrez-vous l'accusation vague et non prouvée d'une prétendue intelligence avec les puissances étrangères et avec les princes français émigrés? lui feriez-vous un crime de quelques secours accordés à ces derniers, qu'il embitionnoit de ramener dans le sein de la France, et de déterminer à se soumettre, comme lui, aux sacrifices que la tranquillité publique sembloit exiger. La voie de la douceur et de la persécution étoit plus compatible avec son cœur bienfaisant, qu'une rigueur outrée, où les droits de la nature offensés, n'auroient fourni que des motifs de plus à l'éloignement.

Pouvez-vous regarder comme pièces convaincantes un fratras de lettres, de papiers et d'états imparfaits, dont l'authenticité est démentie au moins par la forme illégale qui les a produits ; écouterez-vous les interprétations arbitraires que les ennemis du roi donnent à ces pièces ; et ne penserez-vous pas que cet acharnement contre lui, et l'illégalité des moyens employés pour se les procurer, ont dû, au contraire, en soustraire beaucoup, qui auroient justifié Louis XVI.

Pourrez-vous lui reprocher d'avoir, par sa constance et un courage paisible, retardé le renversement de la monarchie, pour laquelle le vœu de la France étoit renfermé dans les cahiers de tous les départemens.

D'avoir montré, dans toutes les entreprises contre sa personne inviolable, comme la loi, un courage et une sécurité que la vertu seule donne ; d'avoir, par-là, empêché plus d'une fois l'effusion du sang, que les factieux brûloient de répandre, afin, sans doute, de le faire rejaillir sur lui, et de réussir à le rendre odieux au peuple, qu'ils ne craignoient pas de sacrifier pour arriver à leur but.

Avez-vous oublié les journées des 5 et 6 octobre 1789; celle du 20 juin dernier, et tant d'autres circonstances, où vous-mêmes, trompés par des pernicieuses suggestions, vous êtes trouvés plutôt les témoins que les acteurs de différens attentats et des violences, que des scélérats gagés exerçoient, en votre nom, contre la peronne de Louis XVI et de sa famille.

Etes-vous bien instruits de ce qui s'est passé le 10 août; jour à jamais mémorable et funeste, puisqu'il est l'époque du renversement de la monarchie, de la détention ouverte de Louis XVI, et du procès injuste qui lui est intenté ; jour qui avoit été pris pour la revanche du

20 juin, où, suivant l'expression de plusieurs, le coup avoit été manqué.

Voici le fait et la vérité.

Depuis plusieurs jours, il se répandoit des bruits d'une irruption prochaine et subite aux Tuileries. Le 9 Août soir, ces bruits se confirmèrent de plus en plus, et donnèrent de l'inquiétude aux citoyens qui étoient de garde, ce qui détermina le commandant-général, M. Mandat, à doubler seulement la garde ordinaire, à 10 heures du soir: on eut avis que l'on provoquoit des rassemblemens dans les fauxbourgs, et successivement; il fut constant que ces rassemblemens, quoique difficiles à se faire dans le fauxbourg Saint-Antoine surtout, commençoient à former une masse de force armée très-imposante, et dont les intentions hostiles avoient pour but d'investir les Tuileries, et d'y pénétrer à force ouverte. Alors, M. le Maire de Paris donna à Mandat un ordre par écrit, et signé de lui, de repousser la force par la force. MM. les officiers du département et de la municipalité, réunis aux Tuileries, dans le cabinet du roi, furent occupés toute la nuit à pourvoir à la sûreté des Tuileries, par des ordres divers et les dispositons convenables, mais insuffisantes, eu égard au danger évident, qui s'est sur-tout annoncé vers deux heures par un coup de canon et le tocsin. C'est dans cet état de crise et d'allarme que s'est passée la nuit du 9 au 10, pendant laquelle Louis XVI a conservé la tranquillité d'ame et la sécurité, qui, dans toutes les circonstances critiques où il s'est trouvé, ont montré, jusqu'à l'évidence, la pureté de sa conscience.

Le matin du 10 août, la force armée, sans réquisition légale, et sans aucun objet d'intérêt public, s'est mise en marche, et a manifesté à l'avance le projet criminel d'assaillir les Tuileries. Alors Louis XVI, vivement affligé des malheurs qui pourroient arriver, même pour défendre sa personne et sa famille, se rendit aux instances qui lui furent faites et réitérées par M. Rœderer, de venir dans le sein de l'assemblée, où la majorité des représentans du peuple étoit, pour elle-même, inquiète des suites de la violence faite aux Tuileries ; mais quelle perfide confiance ! Louis XVI se jette dans les mains cruelles de ses ennemis, et les fers qu'il porte aujourd'hui, et dont lui seul ne doit pas rougir, expliquent assez l'énigme d'un complot, dont on ne trouve d'exemple chez aucun peuple, et la cause de l'effusion du sang qui en a accompagné et suivi le succès.

Vouloir donc s'en prendre à Louis XVI, de la journée du 10 août, c'est vouloir s'en prendre à l'être suprême, de tous les maux qui affligent la nature humaine ; c'est se refuser à l'évidence.

En effet, est-ce Louis XVI, ou quelqu'un en son nom, qui a été attaquer les citoyens des fauxbourgs ? La force armée et légale des Tuileries étoit elle-même en mesure avec la force armée, illégale, et comme des aggresseurs ; et n'est-il pas clair comme le jour, que dans cet état de foiblesse, on ne pouvoit avoir aux Tuileries d'autre ressource que le respect dû à la loi et le crédit de l'autorité constituée, dont Louis XVI lui-même investi étoit entouré.

Cependant, ô Français ! le jour fatal approche où Louis XVI, que vous chérissiez comme un bon prince, et que l'on vous force aujourd'hui de méconnoître, va être comme un criminel traduit à la barre de vos représentans pour y subir de la part de ses ennemis, un jugement définitif. Ni son innocence, ni ses vertus, ni l'inviolabilité dont vous l'avez investi, ne pourront peut-être le soustraire le coup terrible qui jetteroit la France dans l'abîme d'un opprobre ineffaçable, et feroit de tous les Français un peuple de bourreaux. Attendrez-vous pour prendre sa défense, pour revenir d'une illusion funeste, que

(16)

vous y soyez forcés par des regrets et des remords tardifs, et le sentiment de votre honte et de vos maux. Oublierez-vous enfin ce que ce Prince vertueux a déjà fait pour votre bonheur, et qu'une sollicitude généreuse et bienfaisante a porté à partager avec vous la puissance qu'en montant sur le trône, il avoit trouvé unie à sa couronne.

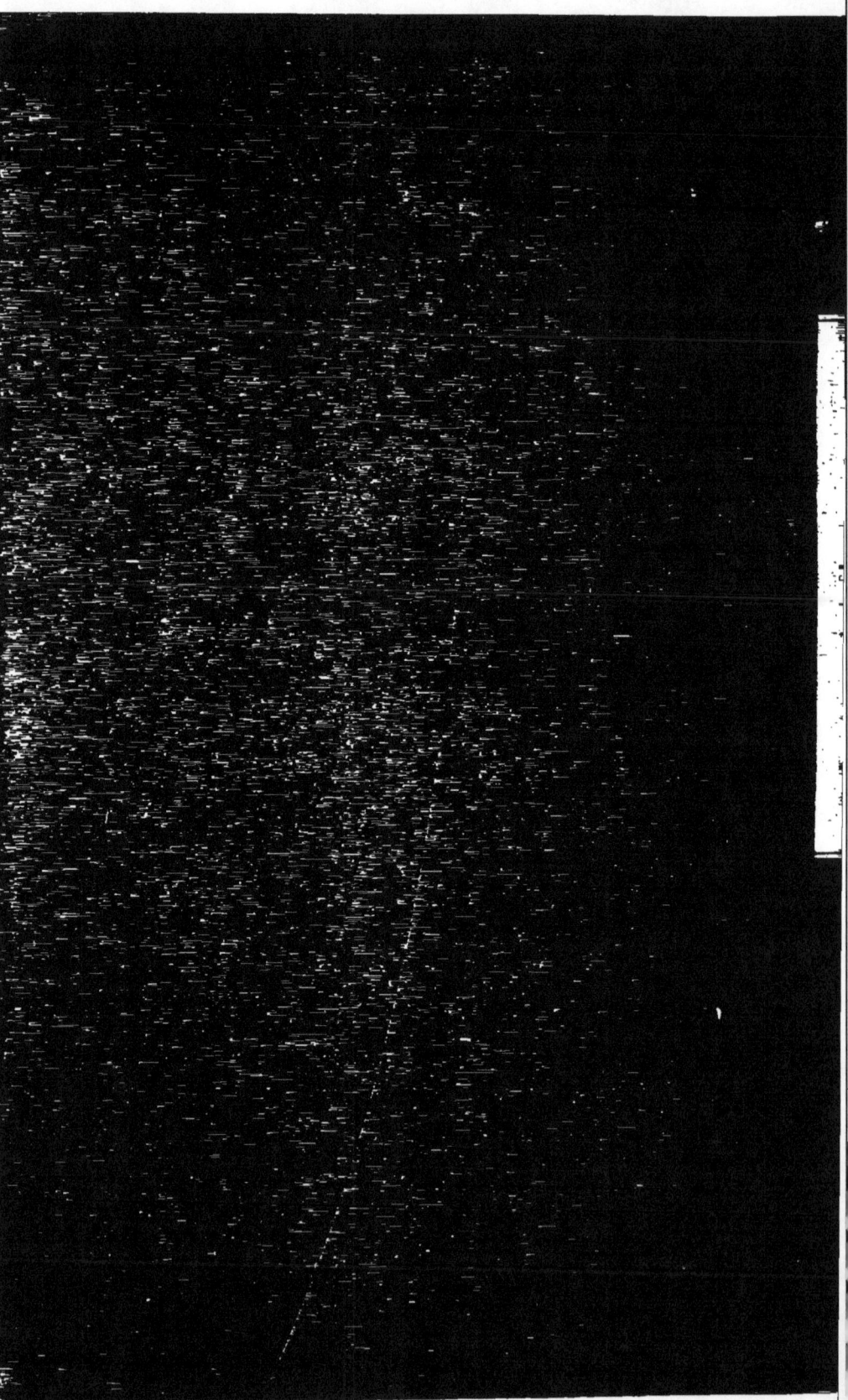

www.ingramcontent.com/pod-product-compliance
Lightning Source LLC
Chambersburg PA
CBHW070530050426
42451CB00013B/2945